Landesjagdgesetz
Nordrhein-Westfalen (LJG-NRW)

Impressum

© GROELSV – Verlag, Hans-Much-Weg 14, 20249 Hamburg, Telefon: 040/ 32030598; - Redaktion GROELSV

Wir sind bemüht, ein ansprechendes Produkt zu gestalten, dass vernünftigen Ansprüchen an das Preis/Leistungsverhältnis gerecht wird. Buchbewertungen, z. B. über den Distributor Amazon sind ausdrücklich erwünscht. Konstruktive Anregungen nutzen wir gerne, um künftige Auflagen zu ergänzen und anzupassen.

Die Rechte am Werk, insbesondere für die Zusammenstellung, die Cover- und weitere Gestaltung liegen beim Verlag. Trotz sorgfältigster Bearbeitung und Qualitätskontrolle können Übertragungsfehler und technische Fehler nicht letztgültig ausgeschlossen werden. Fachanwaltliche Beratung wird durch die Konsultation einer Rechtssammlung nicht ersetzt.

Bekanntmachung

der Neufassung des Landesjagdgesetzes

Nordrhein-Westfalen (LJG-NRW)

Vom 7. Dezember 1994 (Fn 1)

mit Stand vom 11.4.2015

Aufgrund des Artikel III des Gesetzes zur Änderung des Landesjagdgesetzes Nordrhein-Westfalen (LJG-NRW) vom 17. Mai 1994 (GV. NW. S. 314) wird nachstehend der Wortlaut des Landesjagdgesetzes Nordrhein-Westfalen (LJG-NRW) in der seit dem 7. Juli 1994 geltenden Fassung bekanntgemacht.

Die Neufassung berücksichtigt:

1. die Fassung der Bekanntmachung des Landesjagdgesetzes Nordrhein-Westfalen (LJG-NRW) vom 11. Juli 1978 (GV. NW. S. 318),

2. den am 1. Januar 1980 in Kraft getretenen Artikel 27 des Zweiten Gesetzes zur Funktionalreform (2. FRG) vom 18. September 1979 (GV. NW. S. 552),

3. den am 1. Juli 1982 in Kraft getretenen Artikel 15 des Gesetzes zur Anpassung des Landesrechts an das Verwaltungsverfahrensgesetz für das Land Nordrhein-Westfalen (Verwaltungsverfahrensrecht-Anpassungsgesetz) vom 18. Mai 1982 (GV. NW. S. 248),

4. den am 1. Januar 1985 in Kraft getretenen Artikel 13 des Dritten Gesetzes zur Funktionalreform (3. FRG) vom 26. Juni 1984 (GV. NW. S. 370),

5. den am 1. Dezember 1984 in Kraft getretenen Artikel 18 des Gesetzes zur Beschränkung landesrechtlicher Bußgeldvorschriften vom 6. November 1984 (GV. NW. S. 663),

6. den am 1. Januar 1985 in Kraft getretenen Artikel 13 des Rechtsbereinigungsgesetzes 1984 für das Land Nordrhein-Westfalen (RBG 84 NW) vom 18. Dezember 1984 (GV. NW. S. 806),

7. den am 20. April 1985 in Kraft getretenen Artikel 2 des Gesetzes zur Änderung des

2

Landschaftsgesetzes vom 19. März 1985 (GV. NW. S. 261),

8. den am 9. November 1985 in Kraft getretenen § 8 der Verordnung über den Schutz von Wild (Bundeswildschutzverordnung-BWildSchV) vom 25. Oktober 1985 (BGBl. I S. 2040),

9. den am 7. Juli 1994 in Kraft getretenen Artikel 1 des eingangs genannten Gesetzes.

Der Minister für Umwelt,

Raumordnung und Landwirtschaft

des Landes Nordrhein-Westfalen

Landesjagdgesetz
Nordrhein-Westfalen (LJG-NRW)
in der Fassung der Bekanntmachung
vom 7. Dezember 1994

§ 1 Ablieferungspflicht von Kennzeichen

(Zu § 1 Abs. 6 BJG)

§ 1

Ablieferungspflicht von Kennzeichen

(Zu § 1 Abs. 6 BJG)

Wer bei der Ausübung der Jagd oder des Jagdschutzes bei erlegtem, gefangenem oder verendetem Wild Kennzeichen vorfindet, ist verpflichtet, die Kennzeichen bei der unteren Jagdbehörde unter Angabe von Zeit und Ort des Fundes unverzüglich abzuliefern.

§ 2 (Fn 14) Tierarten

(Zu § 2 Abs. 2 BJG)

§ 2 (Fn 14)

Tierarten

(Zu § 2 Abs. 2 BJG)

Das für das Jagdwesen zuständige Ministerium (Ministerium) wird ermächtigt, im Einvernehmen mit dem Landtag des Landes Nordrhein-Westfalen zur Erhaltung eines den landschaftlichen und landeskulturellen Verhältnissen angepassten, artenreichen und gesunden Wildbestandes durch Rechtsverordnung über die in § 2 Absatz 1 des Bundesjagdgesetzes aufgeführten Tierarten hinaus weitere Tierarten zu bestimmen, die dem Jagdrecht unterliegen, und für diese Jagdzeiten festzusetzen. Für Federwild gilt dies nur nach Maßgabe der in Artikel 7 und 9 der Richtlinie 79/409/EWG des Rates vom 2. April 1979 über die Erhaltung der wildlebenden Vogelarten (Abl. EG Nr. L 103 S. 1) in der jeweils geltenden Fassung.

§ 3 (Fn 14) Abrundung der Jagdbezirke

(Zu § 5 BJG)

§ 3 (Fn 14)

Abrundung der Jagdbezirke

(Zu § 5 BJG)

(1) Grundflächen, die für sich allein eine ordnungsgemäße Ausübung der Jagd nicht gestatten, stellen die Verbindung zur Bildung eines Jagdbezirkes

4

nur her, wenn sie weniger als 400 m lang und an der schmalsten Stelle mindestens 200 m breit sind. Diese Vorschrift findet auf Grundflächen, die bei Inkrafttreten dieses Gesetzes die Verbindung zwischen zwei getrennt liegenden Gebieten eines Jagdbezirkes herstellen, keine Anwendung.

(2) Bei der Abrundung soll die Gesamtgröße der Jagdbezirke möglichst wenig verändert werden; Möglichkeiten eines Flächenausgleichs sind auszuschöpfen. Wird durch die Anlage einer Straße oder einer ähnlichen Einrichtung die ordnungsgemäße Jagdausübung auf einer Teilfläche eines Jagdbezirkes unmöglich oder wesentlich erschwert, so kann die Teilfläche einem anderen Jagdbezirk auch dann angegliedert werden, wenn hierdurch die Gesamtgröße der Jagdbezirke erheblich verändert wird. Erfordernisse einer ordnungsgemäßen Hege und Jagdausübung müssen gewährleistet sein. Abrundungen, durch die ein Jagdbezirk seine gesetzliche Mindestgröße verliert, sind unzulässig.

(3) Eine Abrundung von Jagdbezirken darf nur auf Antrag einer beteiligten Jagdgenossenschaft oder eines beteiligten Inhabers eines Jagdbezirkes vorgenommen werden. Grundflächen, die zu keinem Jagdbezirk gehören (Enklaven), können auch ohne Antrag von Amts wegen einem angrenzenden Jagdbezirk angegliedert werden. Die Jagdbehörden haben übereinstimmenden Anträgen der Beteiligten stattzugeben, soweit die Voraussetzungen für eine Abrundung vorliegen. In laufende Pachtverhältnisse darf nur mit Zustimmung der Vertragsteile eingegriffen werden. Vor der Entscheidung über eine Abrundung sind die zuständigen Jagdbeiräte (§ 51) zu hören.

(4) Abrundungen von Jagdbezirken können auf Antrag eines Beteiligten aufgehoben oder geändert werden, soweit ihre Voraussetzungen nachträglich entfallen sind. Absatz 3 Sätze 4 und 5 finden Anwendung.

5

(5) Die untere Jagdbehörde entscheidet über die Abrundung der Jagdbezirke. Sind mehrere untere Jagdbehörden örtlich zuständig, so bestimmt die oberste Jagdbehörde die zuständige untere Jagdbehörde. Ist auch eine Behörde eines anderen Landes zuständig, so kann die Landesregierung mit der zuständigen Behörde des anderen Landes die gemeinsam zuständige Behörde vereinbaren.

§ 4 Befriedete Bezirke

(Zu § 6 BJG)

§ 4

Befriedete Bezirke

(Zu § 6 BJG)

(1) Befriedete Bezirke sind:

a) Gebäude, die zum Aufenthalt von Menschen dienen, und Gebäude, die mit solchen Gebäuden räumlich zusammenhängen;

b) Hofräume und Hausgärten, die unmittelbar an eine Behausung anstoßen und durch irgendeine Umfriedung begrenzt oder sonst vollständig abgeschlossen sind;

c) Friedhöfe;

d) Wildgehege, soweit sie nicht jagdlichen Zwecken dienen;

e) Bundesautobahnen;

f) Kleingartenanlagen gemäß Bundeskleingartengesetz und Dauerkleingärten gemäß Baugesetzbuch.

(2) Grundflächen, die gegen das Ein- und Auswechseln von Wild - ausgenommen Federwild, Wildkaninchen und Raubwild - dauernd abgeschlossen sind, sowie öffentliche Anlagen können durch die untere Jagdbehörde ganz oder teilweise zu befriedeten Bezirken erklärt werden. Auf Grundflächen im Sinne des § 21 Abs. 4 findet Satz 1 keine Anwendung.

(3) Die untere Jagdbehörde kann auf Grundflächen, die zu keinem Jagdbezirk gehören, und in befriedeten Bezirken Grundstückseigentümern und Nutzungsberechtigten sowie deren Beauftragten eine beschränkte Ausübung der Jagd allgemein oder im Einzelfall gestatten, auch wenn diese Personen keinen Jagdschein besitzen. Die Ausübung der Jagd mit Schusswaffen darf nur gestattet werden, wenn eine ausreichende Jagdhaftpflichtversicherung (§ 17 Abs. 1 Nr. 4 BJG) nachgewiesen ist.

(4) In befriedeten Bezirken dürfen die Eigentümer und Nutzungsberechtigten sowie deren Beauftragte unter Beachtung der jagd- und tierschutzrechtlichen Vorschriften jederzeit Wildkaninchen fangen oder töten und sich aneignen. Für den Gebrauch von Schusswaffen ist eine Genehmigung nach Absatz 3 Satz 2 erforderlich.

§ 5 (Fn 12) Eigenjagdbezirke

(Zu § 7 BJG)

§ 5 (Fn 12)

Eigenjagdbezirke

(Zu § 7 BJG)

(1) Ist eine Personenmehrheit oder eine juristische Person Eigentümer oder Nutznießer eines Eigenjagdbezirkes und wird die Jagd weder durch Verpachtung noch durch angestellte Jäger ausgeübt, so sind jagdausübungsberechtigt diejenigen, die von den Verfügungsberechtigten der unteren Jagdbehörde benannt werden. Die untere Jagdbehörde kann eine angemessene Frist setzen. Wird innerhalb der Frist keine geeignete Person benannt, so kann die untere Jagdbehörde die Anordnungen, die zur Ausübung und zum Schutze der Jagd erforderlich sind, auf Kosten der Eigentümer oder Nutznießer treffen. Die untere Jagdbehörde kann die Zahl der Personen, die gemäß Satz 1 benannt werden können, bei Jagdbezirken bis zu 300 ha auf zwei Personen und für jede weiteren vollen 150 ha auf je eine weitere Person beschränken.

(2) Der Eigentümer von Flächen, die an einen Eigenjagdbezirk angegliedert werden, hat gegen den Eigentümer oder Nutznießer des Eigenjagdbezirkes einen Anspruch auf eine dem Flächenanteil entsprechende angemessene Entschädigung. Als angemessene Entschädigung ist der Pachtpreis anzusehen, der für den gemeinschaftlichen Jagdbezirk der Gemeinde gezahlt wird, in der der Eigenjagdbezirk liegt, oder, wenn in einer Gemeinde mehrere gemeinschaftliche Jagdbezirke bestehen oder der Eigenjagdbezirk sich über mehrere Gemeinden erstreckt, der Durchschnittspachtpreis der an den Eigenjagdbezirk angrenzenden gemeinschaftlichen Jagdbezirke. Bei verpachteten Eigenjagdbezirken hat der Eigentümer einen Anspruch auf eine dem Flächenanteil entsprechende angemessene Entschädigung in Höhe des Pachtpreises, wenn dieser höher ist als die nach Satz 2 zu zahlende Entschädigung.

8

(3) Die untere Jagdbehörde kann vollständig eingefriedete Grundflächen sowie an der Bundesgrenze liegende zusammenhängende Grundflächen von geringerem als 75 ha land-, forst- oder fischereiwirtschaftlich nutzbarem Raum zu Eigenjagdbezirken erklären, wenn dies aus Gründen der Jagdausübung oder der Jagdpflege geboten erscheint. Sie kann hierbei bestimmen, daß die Jagd in diesen Bezirken nur unter Beschränkungen ausgeübt werden darf. Als vollständig eingefriedet gelten solche Grundflächen, die gegen das Ein- und Auswechseln von Wild - ausgenommen Federwild, Wildkaninchen und Raubwild - dauernd umzäunt sind und keine Einsprünge besitzen.

§ 6 Zusammenlegung und Teilung

gemeinschaftlicher Jagdbezirke

(Zu § 8 BJG)

§ 6

Zusammenlegung und Teilung

gemeinschaftlicher Jagdbezirke

(Zu § 8 BJG)

(1) Zusammenhängende Grundflächen verschiedener Gemeinden, die im Übrigen zusammen den Erfordernissen eines gemeinschaftlichen Jagdbezirkes entsprechen, können auf Antrag zu einem gemeinschaftlichen Jagdbezirk zusammengelegt werden. Dem Antrag ist stattzugeben, wenn er von Grundstückseigentümern gestellt wird, die über mehr als die Hälfte der zusammenhängenden Grundflächen verfügen.

(2) Die Zusammenlegung benachbarter gemeinschaftlicher Jagdbezirke innerhalb einer Gemeinde zu einem neuen gemeinschaftlichen Jagdbezirk kann zugelassen werden, wenn sie von allen beteiligten Jagdgenossenschaften beschlossen worden ist.

(3) Die Teilung eines gemeinschaftlichen Jagdbezirkes in mehrere selbständige Jagdbezirke darf nur zugelassen werden, sofern die Jagdgenossenschaft sie beschlossen hat, jeder Teil die Mindestgröße von 300 ha hat und die Teilung den Erfordernissen der Hege und Jagdausübung entspricht.

(4) Mit der Zulassung der Zusammenlegung oder Teilung von gemeinschaftlichen Jagdbezirken ist die Rechtsnachfolge für die untergehenden Jagdgenossenschaften zu regeln, soweit sie sich nicht bereits aus den Satzungen ergibt.

(5) § 3 Abs. 3 Sätze 4 und 5 und § 3 Abs. 5 finden entsprechende Anwendung.

§ 7 (Fn 12) Jagdgenossenschaft

(Zu § 9 BJG)

§ 7 (Fn 12)

Jagdgenossenschaft

(Zu § 9 BJG)

(1) Die Jagdgenossenschaft ist eine Körperschaft des öffentlichen Rechts.

(2) Die Jagdgenossenschaft hat eine Satzung aufzustellen. Die Satzung und Änderungen der Satzung bedürfen der Genehmigung durch die Aufsichtsbehörde. Die Jagdgenossenschaft hat die genehmigte Satzung öffentlich auszulegen; sie hat die Genehmigung sowie Ort und Zeit der Auslegung ortsüblich bekanntzumachen. Mit der Bekanntmachung wird die Satzung rechtsverbindlich.

(3) Die Satzung muß insbesondere festlegen

1. Name und Sitz der Jagdgenossenschaft,

2. das Gebiet der Jagdgenossenschaft,

3. die Voraussetzungen, unter denen Umlagen erhoben werden können, wobei der Festsetzungsbeschluss und der Haushaltsplan gleichzeitig in Kraft treten müssen,

4. unter Beachtung des Teils VI der Landeshaushaltsordnung Bestimmungen für das Haushaltswesen, die Wirtschafts-, Kassen- und Rechnungsführung sowie die Rechnungsprüfung,

5. die Aufgaben der Jagdgenossenschaftsversammlung und des Vorstandes,

6. die Form der Bekanntmachungen der Jagdgenossenschaft.

(4) Die Jagdgenossenschaft ist verpflichtet, ein Jagdkataster zu führen und fortzuschreiben. Aus dem Jagdkataster müssen mindestens die Jagdgenossen, die ihnen im gemeinschaftlichen Jagdbezirk gehörenden Grundstücke sowie deren Größe hervorgehen.

(5) Hat eine Jagdgenossenschaft nicht innerhalb eines Jahres nach ihrer Entstehung eine Satzung beschlossen, so setzt die Aufsichtsbehörde die Satzung fest. Absatz 2 Satz 3 gilt entsprechend.

(6) Der Jagdvorstand besteht aus einem Vorsitzenden und zwei Beisitzern.

(7) Gemeindevorstand im Sinne des § 9 Abs. 2 Satz 3 des Bundesjagdgesetzes ist der Rat der Gemeinde; § 41 Absatz 3 und 63 Absatz 1 der Gemeindeordnung für das Land Nordrhein-Westfalen gelten entsprechend. Gehören zu einem gemeinschaftlichen Jagdbezirk Flächen verschiedener Gemeinden oder abgesonderter Gemarkungen, so nimmt der Rat der Gemeinde, in deren Gebiet der größte Flächenanteil des Jagdbezirkes liegt, im Benehmen mit den anderen beteiligten Gemeinden die Geschäfte wahr. Die Kosten der vorübergehenden Geschäftsführung trägt die Jagdgenossenschaft.

(8) Sind Grundflächen von mehr als fünf Eigentümern einem Eigenjagdbezirk angegliedert oder macht die angegliederte Fläche mindestens ein Drittel des Eigenjagdbezirkes aus, so bilden die Eigentümer der Flächen zur Vertretung ihrer Rechte, die sich aus der Angliederung ergeben, eine Genossenschaft (Angliederungsgenossenschaft). Auf die Angliederungsgenossenschaft finden Absatz7 sowie die Vorschriften des § 9 des Bundesjagdgesetzes sinngemäß Anwendung. Die Absätze 1 bis 6 gelten für die Angliederungsgenossenschaft nicht.

§ 8 (Fn 14) Hegegemeinschaften

(Zu § 10 a BJG)

§ 8 (Fn 14)

 Hegegemeinschaften

 (Zu § 10 a BJG)

(1) Aufgabe der Hegegemeinschaften ist es insbesondere, die Abschusspläne der einzelnen Jagdbezirke aufeinander abzustimmen, gemeinsame Hegemaßnahmen durchzuführen und auf die Erfüllung der Abschusspläne hinzuwirken.

(2) Soweit es aus Gründen der Hege im Sinne des § 1 Absatz 2 des Bundesjagdgesetzes erforderlich ist, insbesondere in Bewirtschaftungsbezirken für Schalenwild (§ 22 Absatz 12), wirken die unteren Jagdbehörden auf die freiwillige Bildung von Hegegemeinschaften hin. Sind mehrere untere Jagdbehörden zuständig, so wird die zuständige Jagdbehörde von der obersten Jagdbehörde bestimmt.

(3) Ist die Bildung von Hegegemeinschaften für Schalenwild und vom Aussterben bedrohte Tierarten aus Gründen der Hege erforderlich und ist eine an alle betroffenen Jagdausübungsberechtigten gerichtete Aufforderung der nach Absatz 2 zuständigen Behörde ohne Erfolg geblieben, können Hegegemeinschaften von Amts wegen gebildet werden.

(4) Das Verfahren zur Bildung einer Hegegemeinschaft (Absatz 3) besteht aus einer einleitenden Versammlung, der Aufstellung eines Satzungsentwurfs und der Gründungsversammlung. Die Einzelheiten des

Verfahrens sowie die Anhörung anderer Behörden und Stellen regelt das Ministerium nach Anhörung des zuständigen Ausschusses des Landtags durch Rechtsverordnung. Die Rechtsverordnung kann vorsehen, daß die Stimmabgabe der Beteiligten durch eine schriftliche Erklärung ersetzt wird.

(5) Die Hegegemeinschaft entsteht mit der Genehmigung der Satzung durch die untere Jagdbehörde. Die Satzung ist von den unteren Jagdbehörden, über deren Zuständigkeitsbereich sich die Hegegemeinschaft erstreckt, öffentlich auszulegen. Die Genehmigung sowie Zeit und Ort der Auslegung sind von der unteren Jagdbehörde ortsüblich bekanntzumachen. Den Mitgliedern der Hegegemeinschaft ist die Satzung mit dem Genehmigungsvermerk zuzustellen.

§ 9 Verpachtung eines Teiles eines Jagdbezirkes

(Zu § 11 Abs. 2 BJG)

§ 9

Verpachtung eines Teiles eines Jagdbezirkes

(Zu § 11 Abs. 2 BJG)

Die untere Jagdbehörde kann auf Antrag eines Beteiligten im Einzelfalle genehmigen, daß bei Eigenjagdbezirken ein Teil von geringerer als der gesetzlichen Mindestgröße, bei gemeinschaftlichen Jagdbezirken ein Teil von weniger als 250 ha Größe an den Jagdausübungsberechtigten eines angrenzenden Jagdbezirkes verpachtet wird, wenn dies einer besseren Reviergestaltung dient und der verbleibende Teil von Eigenjagdbezirken die gesetzliche Mindestgröße, bei gemeinschaftlichen Jagdbezirken die Größe von 250 ha, nicht unterschreitet.

§ 10 (Fn 12) Jagdpachtfähigkeit

(Zu § 11 Abs. 5 BJG)

§ 10 (Fn 12)

Jagdpachtfähigkeit

(Zu § 11 Abs. 5 BJG)

Die untere Jagdbehörde kann im Einzelfalle zur Vermeidung unbilliger Härten Ausnahmen von der Vorschrift des § 11 Abs. 5 Satz 1 des Bundesjagdgesetzes zulassen.

§ 11 Mehrzahl von Jagdpächtern

(Zu §§ 11 bis 14 BJG)

§ 11

Mehrzahl von Jagdpächtern

(Zu §§ 11 bis 14 BJG)

(1) Die Zahl der Jagdpächter wird bei Jagdbezirken bis zu 300 ha auf zwei beschränkt. In größeren Jagdbezirken ist für jede weiteren vollen 150 ha je ein weiterer Pächter zulässig.

(2) Jagdpacht im Sinne der §§ 11 bis 14 des Bundesjagdgesetzes ist auch Weiterverpachtung und Unterverpachtung. In diesen Fällen findet Absatz 1 mit der Maßgabe Anwendung, daß die Zahl der jagdausübungsberechtigten Pächter die zulässige Zahl der Jagdpächter nicht übersteigen darf.

§ 12 Jagderlaubnis

(Zu § 11 Abs. 1 Satz 3 BJG)

§ 12

Jagderlaubnis

(Zu § 11 Abs. 1 Satz 3 BJG)

(1) Der Jagdausübungsberechtigte kann einem Dritten (Jagdgast) eine entgeltliche oder eine unentgeltliche Jagderlaubnis erteilen.

(2) Ist ein Jagdbezirk von mehr als 300 ha an eine geringere als die nach § 11 Abs. 1 zulässige Zahl von Pächtern verpachtet, so ist der Pächter verpflichtet, für jede vollen jagdlich nutzbaren 150 ha, die eine jagdlich nutzbare Fläche von 300 ha übersteigen, eine Jagderlaubnis zu erteilen, die nach Inhalt und Umfang zwischen dem Pächter und dem Jagdgast zu vereinbaren ist. Ist ein Jagdbezirk an mehrere Personen verpachtet, obliegt die Verpflichtung den Pächtern gemeinsam.

(3) Die entgeltliche Erteilung einer Jagderlaubnis bedarf der Schriftform. Sie unterliegt den Bestimmungen der §§ 12 und 13 des Bundesjagdgesetzes. Derjenige, dem eine entgeltliche Jagderlaubnis erteilt wird, steht im Sinne des § 11 Abs. 1 dieses Gesetzes einem Jagdpächter gleich. Die Sätze 2 und 3 finden auf entgeltliche Erlaubnisse, die nur zum Einzelabschuss berechtigen, keine Anwendung.

(4) Die dem Pächter nach Absatz 2 obliegende Verpflichtung kann nicht dadurch erfüllt werden, daß eine entgeltliche oder unentgeltliche

16

Jagderlaubnis Inhabern oder Nutznießern nicht verpachteter Eigenjagdbezirke und Personen erteilt wird, die bereits Jagdpächter oder Inhaber einer Jagderlaubnis sind.

(5) Die unentgeltliche Erteilung einer Jagderlaubnis unterliegt den Bestimmungen des Absatzes 3 Satz 1, wenn sie der Erfüllung der Verpflichtung nach Absatz 2 dient.

(6) Der Jagdgast ist nicht jagdausübungsberechtigt im Sinne des Jagdrechts.

(7) Der Jagdgast darf ohne Begleitung des Jagdausübungsberechtigten oder eines von diesem beauftragten Jagdschutzberechtigten die Jagd nur ausüben, wenn er eine schriftliche Jagderlaubnis (Jagderlaubnisschein) des Jagdausübungsberechtigten mit sich führt.

(8) Auf Verlangen des Pächters ist der Jagdgast verpflichtet, bei der Durchführung erforderlicher Hegemaßnahmen in angemessenem Umfang mitzuwirken.

(9) Die untere Jagdbehörde kann im Einzelfall aus Gründen der Hege die Befugnis oder Verpflichtung zur Erteilung einer Jagderlaubnis oder die sonstige Beteiligung anderer an der Jagd vorübergehend beschränken oder aussetzen.

§ 13 Eintragungen im Jagdschein

(Zu § 11 Abs. 7 BJG)

§ 13

Eintragungen im Jagdschein

(Zu § 11 Abs. 7 BJG)

(1) Die Eintragungen nach § 11 Abs. 7 des Bundesjagdgesetzes werden von der unteren Jagdbehörde im Jagdschein vorgenommen.

(2) Inhaber von Eigenjagdbezirken, Jagdpächter und Inhaber entgeltlicher Jagderlaubnisse sind verpflichtet, der unteren Jagdbehörde beim Erwerb des Jagdscheines die Größe der Flächen anzugeben, auf denen ihnen die Ausübung des Jagdrechts zusteht. Die untere Jagdbehörde kann die Vorlage der Pacht- und Erlaubnisverträge oder sonstige Nachweise verlangen.

(3) Jagdpächter und Inhaber einer entgeltlichen Jagderlaubnis sind verpflichtet, der unteren Jagdbehörde innerhalb eines Monats nach Abschluß des Pacht- oder Erlaubnisvertrages unter Vorlage des Vertrages die Größe der Flächen mitzuteilen, auf denen ihnen die Ausübung des Jagdrechts zusteht.

(4) Hat der Inhaber eines oder mehrerer Eigenjagdbezirke Flächen zugepachtet, gilt Absatz 3 mit der Maßgabe, daß zusätzlich der Nachweis über die Verpachtung entsprechender Flächen des Eigenjagdbezirkes zu führen ist, es sei denn, die Gesamtfläche, auf der ihm die Ausübung des Jagdrechts zusteht, beträgt weniger als 1000 ha.

(5) Auf entgeltliche Erlaubnisverträge, die lediglich zu einer vorübergehenden Jagdausübung berechtigen (§ 12 Abs. 3 Satz 4), finden die Absätze 2 bis 4 keine Anwendung.

§ 14 Anzeige von Jagdpachtverträgen

(Zu § 12 BJG)

§ 14

Anzeige von Jagdpachtverträgen

(Zu § 12 BJG)

Jede Änderung eines Jagdpachtvertrages ist der unteren Jagdbehörde innerhalb eines Monats anzuzeigen. § 12 Abs. 1 bis 3 des Bundesjagdgesetzes findet Anwendung.

§ 15 Nichtigkeit von Jagdpachtverträgen

und Jagderlaubnisverträgen

§ 15

Nichtigkeit von Jagdpachtverträgen

und Jagderlaubnisverträgen

Ein Vertrag, der den Bestimmungen des § 11 Abs. 1 dieses Gesetzes nicht entspricht, ist nichtig.

§ 16 Tod des Jagdpächters

§ 16

Tod des Jagdpächters

(1) Im Falle des Todes eines Jagdpächters haben die Erben der unteren Jagdbehörde die jagdausübungsberechtigten Erben unter Beachtung der Vorschrift des § 11 Abs. 1 zu benennen. Ist keiner der Erben jagdpachtfähig (§ 11 Abs. 5 des Bundesjagdgesetzes), so haben die Erben der unteren Jagdbehörde eine oder mehrere jagdpachtfähige Personen als Jagdausübungsberechtigte zu benennen.

(2) Die untere Jagdbehörde kann den Erben eine angemessene Frist zur Benennung der Jagdausübungsberechtigten setzen. Kommen die Erben der Aufforderung innerhalb der Frist nicht nach, so kann die untere Jagdbehörde die zur Ausübung und zum Schutze der Jagd erforderlichen Anordnungen auf Kosten der Erben treffen.

§ 17 (Fn 11) Jagdschein, Jägerprüfung

(Zu § 15 BJG)

§ 17 (Fn 11)

Jagdschein, Jägerprüfung

(Zu § 15 BJG)

(1) Der Jagdschein wird als Jahresjagdschein mit einer Geltungsdauer von einem, zwei oder drei Jagdjahren oder als Tagesjagdschein mit einer Geltungsdauer von vierzehn aufeinander folgenden Tagen erteilt.

(2) Das Ministerium kann durch Rechtsverordnung nach Anhörung des zuständigen Ausschusses des Landtags eine Prüfungsordnung für die Jägerprüfung erlassen. In der Rechtsverordnung können insbesondere die Prüfungsgebiete im einzelnen bestimmt sowie das Verfahren geregelt werden.

(3) Die untere Jagdbehörde kann Ausländerjagdscheine auch erteilen, wenn die Voraussetzungen des § 15 Abs. 5 Satz 1 des Bundesjagdgesetzes zwar nicht vorliegen, aber anzunehmen ist, daß der Bewerber ausreichende Kenntnisse des Jagdwesens besitzt.

(4) Die Absätze 1 bis 3 gelten für die Erteilung des Falknerjagdscheines und die Falknerprüfung entsprechend. Der Falknerjagdschein wird nach dem vom zuständigen Ministerium des Bundes bestimmten Muster für den Jagdschein erteilt. Er ist als Falknerjagdschein zu kennzeichnen.

§ 17 a Gesellschaftsjagd

(Zu § 16 Abs. 3 BJG)

§ 17 a

Gesellschaftsjagd

(Zu § 16 Abs. 3 BJG)

Gesellschaftsjagden sind Jagden, an denen mehr als vier Personen jagdlich zusammenwirken.

§ 18 Gemeinschaftshaftpflichtversicherung

(Zu § 17 Abs. 1 Nr. 4 BJG)

§ 18

Gemeinschaftshaftpflichtversicherung

(Zu § 17 Abs. 1 Nr. 4 BJG)

Der Abschluß von Gemeinschaftshaftpflichtversicherungen ohne Beteiligungszwang ist zulässig.

§ 19 (Fn 14) Sachliche Verbote

(Zu § 19 BJG)

§ 19 (Fn 14)

Sachliche Verbote

(Zu § 19 BJG)

(1) Verboten ist, Wild von Ansitzen aus zu erlegen, die weniger als 75 m von der Grenze eines benachbarten Jagdbezirks entfernt sind. Zur Vermeidung übermäßiger Wildschäden kann die untere Jagdbehörde Ausnahmen zulassen. Die Sätze 1 und 2 gelten nicht, soweit die Jagdnachbarn eine abweichende schriftliche Vereinbarung getroffen haben.

(1a) Die Baujagd auf Füchse in der Zeit vom 1. März bis 15. Juni ist verboten.

(2) Das Ministerium wird ermächtigt, nach Anhörung des zuständigen Ausschusses des Landtags durch Rechtsverordnung die Verbote des § 19 Abs. 1 des Bundesjagdgesetzes mit Ausnahme der Nummer 16 zu erweitern oder aus besonderen Gründen einzuschränken.

(3) Die untere Jagdbehörde kann in Einzelfällen die Verbote des § 19 Absatz 1 des Bundesjagdgesetzes mit Ausnahme der Nummer 16 im Interesse der Volksgesundheit und der öffentlichen Sicherheit, im Interesse der Sicherheit der Luftfahrt, zur Abwendung erheblicher Wildschäden, zum Schutz der Pflanzen- und Tierwelt sowie zu Forschungs- und Versuchszwecken zeitweise einschränken. Die oberste Jagdbehörde entscheidet über die staatliche Anerkennung eines Fachinstituts im Sinne des § 19 Absatz 3 des Bundesjagdgesetzes.

(4) Die untere Jagdbehörde kann in Einzelfällen die Nachtjagd auf Schalenwild zulassen, soweit dies zur Erfüllung des Abschussplanes oder zur Vermeidung übermäßiger Wildschäden erforderlich ist.

(5) Das Ministerium wird ermächtigt, nach Anhörung des zuständigen Ausschusses des Landtags durch Rechtsverordnung die Verwendung bestimmter Fanggeräte, die den Anforderungen des § 19 Abs. 1 Nr. 9 des Bundesjagdgesetzes nicht genügen, zu verbieten und die Voraussetzungen und Methoden der Fallenjagd zu bestimmen.

(6) Die Jagd mit Bolzen oder Pfeilen ist auch auf anderes Wild als Schalenwild verboten.

§ 20 (Fn 15) Örtliche Verbote

(Zu § 20 Abs. 2 BJG)

§ 20 (Fn 15)

Örtliche Verbote

(Zu § 20 Abs. 2 BJG)

(1) Die Ausübung der Jagd in Naturschutzgebieten wird nach den Vorschriften des Landschaftsgesetzes im Landschaftsplan oder in der ordnungsbehördlichen Verordnung geregelt. Die zuständige Stelle bedarf hierzu des Einvernehmens mit der obersten Jagdbehörde. § 7 des Landschaftsgesetzes findet entsprechende Anwendung.

(2) Die oberste Jagdbehörde kann die Ausübung der Jagd in Wildschutzgebieten und in Nationalparken im Einvernehmen mit der zuständigen höheren Landschaftsbehörde durch ordnungsbehördliche Verordnung regeln, die im Amtsblatt der zuständigen Bezirksregierung zu veröffentlichen ist.

§ 21 Jagdgatter

(Zu § 20 Abs. 2 BJG)

§ 21

Jagdgatter

(Zu § 20 Abs. 2 BJG)

(1) Die erstmalige Eingatterung von Jagdbezirken und Teilen von Jagdbezirken zum Zwecke der Jagd und der Hege (Jagdgatter) ist verboten.

(2) Unbeschadet des Absatzes 1 kann die Eingatterung von Flächen bis zu 20 ha genehmigt werden, wenn das Gatter als Eingewöhnungsgatter, Paarungsgatter, Fanggatter oder Quarantänegatter der Erhaltung oder Einbürgerung bestimmter Wildarten dient. Die Genehmigung darf nur erteilt werden, wenn

1. durch die Eingatterung weder der Naturhaushalt geschädigt noch das Landschaftsbild verunstaltet wird,

2. allgemeine und besondere Betretungsrechte durch die Eingatterung nicht unangemessen eingeschränkt werden,

3. die artgemäße und verhaltensgerechte Unterbringung sowie die fachkundige Betreuung des Wildes gewährleistet sind,

4. andere öffentliche Belange nicht entgegenstehen.

(3) Die Genehmigung darf nur befristet erteilt werden. Sie kann mit Nebenbestimmungen, insbesondere hinsichtlich der zulässigen Wilddichte, versehen werden.

(4) Für im Zeitpunkt des Inkrafttretens dieses Gesetzes vorhandene Jagdgatter können nachträglich Nebenbestimmungen zur Herstellung der Voraussetzungen nach Absatz 2 Nrn. 1 bis 4 sowie hinsichtlich der zulässigen Wilddichte erlassen werden.

(5) Die Pflicht zur Einholung von Genehmigungen, Erlaubnissen oder Bewilligungen nach anderen gesetzlichen Vorschriften bleibt unberührt.

(6) Zuständig für die Erteilung von Genehmigungen nach Absatz 2 sowie für nachträgliche Entscheidungen nach Absatz 4 ist die untere Jagdbehörde. Sie entscheidet im Einvernehmen mit der unteren Landschaftsbehörde.

(7) Der Abschuss von Schalenwild in Jagdgattern nach Absatz 4 ist durch besonderen Abschussplan zu regeln. Im übrigen gelten für die Jagdausübung die Vorschriften dieses Gesetzes und des Bundesjagdgesetzes mit der Maßgabe, daß die Vorschriften des § 21 Abs. 2 des Bundesjagdgesetzes und des § 22 dieses Gesetzes auch für Schwarzwild gelten.

§ 22 (Fn 9) Abschussregelung

(Zu § 21 BJG)

§ 22 (Fn 9)

Abschussregelung

(Zu § 21 BJG)

(1) Der Jagdausübungsberechtigte hat der unteren Jagdbehörde einen Abschussplan für Schalenwild, ausgenommen Schwarzwild, sowie für Auer- und Birkwild, zahlenmäßig getrennt nach Wildarten und Geschlecht, bei männlichem Schalenwild auch nach Klassen, einzureichen. Der Abschussplan ist jeweils zum 1. April des Jahres, in dem der bisherige Abschussplan ausläuft, einzureichen. § 21 Abs. 7 Satz 2 bleibt unberührt.

(2) Der Abschussplan für Rehwild wird mit einer Geltungsdauer von drei Jagdjahren, der Abschussplan für anderes Schalenwild, ausgenommen Schwarzwild, sowie für Auer- und Birkwild mit einer Geltungsdauer von einem Jagdjahr bestätigt oder festgesetzt. Beim Abschussplan für Rehwild ist in der Regel ein Drittel des Gesamtabschusses jährlich zu erfüllen. Abweichungen bis zu 30 v. H. im einzelnen Jahr sind zulässig, jedoch im Rahmen des Gesamtabschusses auszugleichen.

(3) Ein Abschussplan, den der Jagdausübungsberechtigte fristgerecht eingereicht hat, ist von der unteren Jagdbehörde nach Anhörung der unteren Forstbehörde zu bestätigen, wenn

a) der Abschussplan den jagdrechtlichen Vorschriften entspricht,

b) der Jagdbeirat (§ 51) zugestimmt hat,

c) bei verpachteten Jagdbezirken der Abschussplan im Einvernehmen mit dem Verpächter aufgestellt worden ist und

d) innerhalb von Hegegemeinschaften die Abschusspläne aufeinander abgestimmt und im Einvernehmen mit den Jagdvorständen der Jagdgenossenschaften und den Inhabern der Eigenjagdbezirke aufgestellt worden sind.

(4) Liegen die Voraussetzungen nach Absatz 3 nicht vor oder ist insbesondere bereits eingetretenen oder zu erwartenden Wildschäden nicht hinreichend Rechnung getragen, so wird der Abschussplan durch die untere Jagdbehörde nach Anhörung der unteren Forstbehörde im Einvernehmen mit dem Jagdbeirat festgesetzt. Die Festsetzung hat so zu erfolgen, daß

27

eine nachhaltige Verringerung des Wildbestandes auf eine tragbare Wilddichte gewährleistet ist. Die Wild- und Wildschadensverhältnisse in benachbarten Jagdbezirken sind angemessen zu berücksichtigen.

(5) Die in bestätigten oder festgesetzten Abschussplänen für weibliches Schalenwild, für Kälber, Kitze und Lämmer festgesetzten Abschüsse gelten als Mindestabschüsse; sie können bis zu 20 v. H. überschritten werden.

(6) Ist das Einvernehmen mit dem Jagdbeirat nicht zu erzielen, so wird der Abschussplan durch die oberste Jagdbehörde im Einvernehmen mit dem Landesjagdbeirat festgesetzt.

(7) Der Jagdausübungsberechtigte hat über den Abschuss des Wildes und über das Fallwild, soweit es sich um Schalenwild handelt, eine Streckenliste zu führen. Die Eintragungen in die Liste sind innerhalb eines Monats vorzunehmen. Die Streckenliste ist der unteren Jagdbehörde jederzeit auf Verlangen zur Einsicht vorzulegen. Die jährliche Jagdstrecke ist der unteren Jagdbehörde bis zum 15. April eines jeden Jahres anzuzeigen.

(8) Der Jagdausübungsberechtigte hat der unteren Jagdbehörde schriftlich zum 15. November eines jeden Jahres eine Abschussmeldung über das erlegte Rotwild vorzulegen.

(9) Der Jagdausübungsberechtigte ist ferner verpflichtet, der unteren Jagdbehörde den Kopfschmuck und den Unterkiefer des erlegten männlichen Schalenwildes, vom erlegten männlichen Muffelwild nur den Kopfschmuck, innerhalb einer Frist von zwei Jahren nach dem Abschuss auf Verlangen vorzulegen. An den Schädeln von Rot-, Dam- und Sikahirschen ist der Oberkiefer zu belassen. Die untere Jagdbehörde hat Kopfschmuck und Unterkiefer dauerhaft zu kennzeichnen. Die untere Jagdbehörde kann

den Jagdausübungsberechtigten bestimmter Jagdbezirke nach Anhörung des Jagdbeirates aufgeben, den Nachweis über die Erfüllung des Abschussplans für sonstiges Schalenwild (ausgenommen Schwarzwild) durch Vorlage der erlegten Tierkörper oder Teilen davon innerhalb einer bestimmten Frist an bestimmten Stellen zu führen.

(10) Die untere Jagdbehörde kann anordnen, daß der Kopfschmuck und der Unterkiefer des innerhalb ihres Zuständigkeitsbereiches im letzten Jahr erlegten männlichen Schalenwildes auf einer allgemeinen Hegeschau vorzuzeigen sind.

(11) Erfüllt der Jagdausübungsberechtigte den Abschussplan für Schalenwild nicht, so kann die untere Jagdbehörde die Erfüllung des Abschussplans nach den Vorschriften des Verwaltungsvollstreckungsgesetzes für das Land Nordrhein-Westfalen durchsetzen. Wild, das unter Anwendung von Verwaltungszwang erlegt wird, ist gegen angemessenes Schussgeld dem Jagdausübungsberechtigten zu überlassen.

(12) Das Ministerium wird ermächtigt, nach Anhörung des zuständigen Ausschusses des Landtags durch Rechtsverordnung

1. männliches Schalenwild mit Ausnahme von Schwarzwild in Klassen einzuteilen und Abschussanteile sowie Grundsätze für den Abschuss in den einzelnen Klassen festzulegen,

2. aus Gründen der Wildhege und zur Vermeidung übermäßiger Wildschäden Bewirtschaftungsbezirke für Schalenwild (Kern-, Rand- und Freigebiete) und die zulässige Wilddichte festzulegen,

3. vorzuschreiben, daß für den Abschussplan, die Streckenliste, die jährliche Streckenmeldung und die Abschussmeldung für Rotwild bestimmte Muster zu verwenden sind.

(13) § 3 Abs. 5 Satz 3 findet entsprechende Anwendung.

(14) Die oberste Jagdbehörde kann zu wissenschaftlichen, Lehr- und Forschungszwecken für bestimmte Gebiete oder einzelne Jagdbezirke befristete Ausnahmen von den Verpflichtungen nach den Absätzen 1 und 2 zulassen, wenn dadurch eine Störung des biologischen Gleichgewichts oder eine Schädigung der Landeskultur nicht zu befürchten ist und die Jagdausübungsberechtigten und bei verpachteten Jagdbezirken die Verpächter zugestimmt haben.

§ 23 Abschussverbot

(Zu § 21 Abs. 3 BJG)

§ 23

Abschussverbot

(Zu § 21 Abs. 3 BJG)

Die untere Jagdbehörde kann den Abschuss von Wildarten, die in ihrem Bestand bedroht erscheinen, in bestimmten Jagdbezirken oder bestimmten Revieren für eine bestimmte Zeit durch Verfügung an den Jagdausübungsberechtigten gänzlich verbieten. Das Verbot kann wiederholt werden, solange die Voraussetzungen des Satzes 1 vorliegen.

§ 24 (Fn 14) Jagd- und Schonzeiten

(Zu § 22 BJG)

§ 24 (Fn 14)

 Jagd- und Schonzeiten

 (Zu § 22 BJG)

(1) Das Ministerium wird ermächtigt, im Einvernehmen mit dem Landtag des Landes Nordrhein-Westfalen durch Rechtsverordnung

a) soweit es die Hege des Wildes erfordert, die Jagdzeiten abzukürzen, zu verlängern oder aufzuheben,

b) für Wild, für das eine Jagdzeit nicht festgesetzt ist, bei Störung des biologischen Gleichgewichts oder bei schwerer Schädigung der Landeskultur Jagdzeiten festzusetzen und

c) für Schwarzwild, Wildkaninchen, Fuchs, Ringel- und Türkentaube und Lachmöwe sowie für nach Landesrecht dem Jagdrecht unterliegende Tierarten Ausnahmen von dem Verbot des § 22 Abs. 4 Satz 1 des Bundesjagdgesetzes zuzulassen.

(2) Die untere Jagdbehörde kann die Schonzeiten für bestimmte Gebiete oder einzelne Jagdbezirke, insbesondere aus Gründen der Wildseuchenbekämpfung und Landeskultur, zur Beseitigung kranken oder kümmernden Wildes, zur Vermeidung von übermäßigen Wildschäden, zu wissenschaftlichen, Lehr- und Forschungszwecken, bei Störung des

biologischen Gleichgewichts oder der Wildhege aufheben.

(3) Die untere Jagdbehörde kann in Einzelfällen

a) den Lebendfang von Wild, das nicht ganzjährig mit der Jagd zu verschonen ist, während der Schonzeit zulassen,

b) die Jagd auf Wild, für das eine Jagdzeit nicht festgesetzt ist, zu wissenschaftlichen, Lehr- und Forschungszwecken sowie zur Vermeidung übermäßiger Wildschäden zulassen,

c) das Aushorsten von Nestlingen und Ästlingen der Habichte für Beizzwecke genehmigen,

d) das Ausnehmen oder Unfruchtbarmachen der Gelege von Federwild im Interesse der Volksgesundheit, im Interesse der Sicherheit der Luftfahrt, zur Vermeidung von übermäßigen Wildschäden, zum Schutz der Pflanzen- und Tierwelt, zu wissenschaftlichen, Lehr- und Forschungszwecken oder für Zwecke der Aufzucht mit Zustimmung des Jagdausübungsberechtigten gestatten, sofern es keine andere zufrieden stellende Lösung gibt.

(4) Die untere Jagdbehörde kann im Einzelfall den Abschuss von kümmerndem und krankem Wild über den Abschussplan hinaus oder während der Schonzeit genehmigen. Der Genehmigung bedarf es nicht, wenn im Einzelfall das sofortige Erlegen unerläßlich erscheint, um dem Wild vermeidbare Schmerzen oder Leiden zu ersparen oder die Ausbreitung von Seuchen zu verhindern. Der Jagdausübungsberechtigte hat den Abschuss der unteren Jagdbehörde unverzüglich mitzuteilen und ihr auf Verlangen das erlegte Wild vorzuzeigen.

(5) Für Federwild gilt dies nur nach Maßgabe der Artikel 7 bis 9 der Richtlinie 79/409/EWG des Rates vom 2. April 1979 über die Erhaltung der wild lebenden Vogelarten (ABl. EG Nr. L 103 S. 1) in der jeweils geltenden Fassung.

§ 25 (Fn 12) Inhalt des Jagdschutzes

(Zu §§ 23, 28 Abs. 5 BJG)

§ 25 (Fn 12)

Inhalt des Jagdschutzes

(Zu §§ 23, 28 Abs. 5 BJG)

(1) Der Jagdausübungsberechtigte ist verpflichtet, bei witterungs- oder katastrophenbedingtem Äsungsmangel, insbesondere bei vereister oder hoher Schneelage oder nach ausgedehnten Waldbränden (Notzeiten), für eine angemessene Wildfütterung zu sorgen. Kommt der Jagdausübungsberechtigte dieser Verpflichtung nicht nach, so kann die untere Jagdbehörde die Erfüllung der Verpflichtung nach den Vorschriften des Verwaltungsvollstreckungsgesetzes für das Land Nordrhein-Westfalen durchsetzen.

(2) Unbeschadet des Absatzes 1 darf Schalenwild nur in der Zeit vom 1. Dezember bis zum 30. April gefüttert werden. Außerhalb dieser Zeit ist die Fütterung von Niederwild nur unter Benutzung von Fütterungseinrichtungen zulässig, die eine Futteraufnahme durch Schalenwild ausschließen. Aus Gründen der Wildschadenverhütung kann die untere Jagdbehörde im Einvernehmen mit dem zuständigen Veterinäramt und der Forschungsstelle für Jagdkunde und Wildschadenverhütung Ablenkungsfütterungen für

Schwarzwild genehmigen. Zur Fütterung dürfen Küchenabfälle, Schlachtabfälle, Fische, Fischabfälle, Backwaren oder Südfrüchte nicht verwendet werden. Die Verbesserung der in einem Jagdrevier vorhandenen natürlichen Äsungsflächen (Wildäcker) gilt nicht als Fütterung. Auf Schalenwild, das in Jagdgattern (§ 21 Abs. 4) gehalten wird, findet Satz 1 keine Anwendung.

(3) Das Ministerium wird ermächtigt, nach Anhörung des zuständigen Ausschusses des Landtags durch Rechtsverordnung im Interesse der Wildschadenverhütung, der Erhaltung eines gesunden Wildbestandes, der Abschusserfüllung, der Vermeidung ökologischer Beeinträchtigungen und zur Verhinderung von Missbräuchen Vorschriften über die Fütterung und Kirrung von Wild zu erlassen. Dabei kann es insbesondere Futter- und Kirrmittel sowie Fütterungs- und Kirrungseinrichtungen vorschreiben oder ausschließen und Beschränkungen über die Regelung in Absatz 2 hinaus festlegen. Ferner kann die Art der Ausbringung von Futter- und Kirrmitteln näher geregelt werden.

(4) Die zur Ausübung des Jagdschutzes berechtigten Personen sind befugt,

1. Personen, die in einem Jagdbezirk unberechtigt jagen oder eine sonstige Zuwiderhandlung gegen jagdrechtliche Vorschriften begehen oder außerhalb der zum allgemeinen Gebrauch bestimmten Wege zur Jagd ausgerüstet angetroffen werden, anzuhalten, ihre Person festzustellen und ihnen gefangenes und erlegtes Wild, Schuss- und sonstige Waffen, Jagd- und Fanggeräte, Hunde und Frettchen abzunehmen;

2. wildernde Hunde und Katzen abzuschießen. Als wildernd gelten Hunde, die im Jagdbezirk außerhalb der Einwirkung ihres Führers Wild aufsuchen, verfolgen oder reißen, und Katzen, die im Jagdbezirk in einer Entfernung von mehr als 200 m vom nächsten Haus angetroffen werden. Die Befugnis

erstreckt sich nicht auf solche Hunde und Katzen, die sich in Fallen gefangen haben, es sei denn, die unverzügliche Tötung ist aus Gründen des Tierschutzes geboten. Sie gilt auch nicht gegenüber Hirten-, Jagd-, Blinden- und Polizeihunden, soweit sie als solche kenntlich sind und solange sie von dem Berechtigten zum Dienst verwandt werden oder sich aus Anlaß des Dienstes vorübergehend der Einwirkung ihres Führers entzogen haben.

(5) Der Jagdausübungsberechtigte ist verpflichtet, sich bei Ausübung des Jagdschutzes im Sinne von Absatz 4 auf Verlangen durch Vorzeigen eines Jagdschutzausweises auszuweisen, es sei denn, daß ihm dies aus Sicherheitsgründen nicht zugemutet werden kann. Der Jagdschutzausweis wird von der zuständigen unteren Jagdbehörde für die Dauer der Jagdausübungsberechtigung ausgestellt.

(6) Die Befugnis nach Absatz 4 Nr. 2 steht mit Erlaubnis des Jagdausübungsberechtigten auch dem Jagdgast zu. Übt dieser die Jagd ohne Begleitung des Jagdausübungsberechtigten aus, so gilt dies nur, wenn er einen Erlaubnisschein des Jagdausübungsberechtigten mit sich führt, in dem die Befugnis nach Satz 1 eingetragen ist.

(7) Die untere Jagdbehörde kann im Einzelfall im Einvernehmen mit dem Amtstierarzt die erforderlichen Anordnungen treffen, um das Auftreten oder die Ausbreitung von Wildseuchen zu verhindern. Viehseuchenrechtliche Vorschriften bleiben unberührt.

§ 26 (Fn 4) Jagdschutzberechtigte

(Zu § 25 BJG)

§ 26 (Fn 4)

Jagdschutzberechtigte

(Zu § 25 BJG)

(1) Der Jagdausübungsberechtigte kann zur Beaufsichtigung der Jagd volljährige, zuverlässige Personen, die Inhaber eines Jahresjagdscheins sind, als Jagdaufseher anstellen. Mehrere Jagdausübungsberechtigte können für ihre aneinandergrenzenden Jagdbezirke einen gemeinsamen Jagdaufseher bestellen; dieser soll Berufsjäger oder forstlich ausgebildet sein.

(2) Ein Jagdaufseher muß bestellt werden, wenn die untere Jagdbehörde dies verlangt. Das Verlangen ist nur zulässig, wenn ohne die Bestellung ein Jagdbezirk ohne gehörigen Schutz sein würde. Bei Jagdbezirken über 1000 ha muß der Jagdaufseher Berufsjäger oder forstlich ausgebildet sein. Bei verpachteten Staatsjagdbezirken entscheidet die untere Jagdbehörde im Benehmen mit der Forstbehörde.

(3) Die mit dem Jagdschutz beauftragten Dienstkräfte der Landesforstverwaltung, der Gemeinden, der Gemeindeverbände und der Landwirtschaftskammer sind bestätigte Jagdaufseher. Im übrigen darf als Jagdaufseher nur bestätigt werden, wer geeignet und zuverlässig ist. Die Bestätigung bedarf der Zustimmung durch die Kreispolizeibehörde. Über die Bestätigung wird eine Bescheinigung erteilt, die der Jagdaufseher im Dienst bei sich zu tragen und bei dienstlichem Einschreiten auf Verlangen vorzuzeigen hat, es sei denn, daß ihm dies aus Sicherheitsgründen nicht zugemutet werden kann.

(4) Das Ministerium wird ermächtigt, nach Anhörung des zuständigen Ausschusses des Landtags durch Rechtsverordnung die öffentlichen Stellen zu bestimmen, denen der Jagdschutz obliegt.

§ 27 Jägernotweg

§ 27

Jägernotweg

Wer die Jagd ausübt, aber den Weg zum Jagdbezirk nicht auf einem zum allgemeinen Gebrauch bestimmten Weg oder nur auf einem unzumutbaren Umweg nehmen kann, ist zum Betreten fremden Jagdbezirkes in Jagdausrüstung auch auf einem nicht zum allgemeinen Gebrauch bestimmten Weg befugt, der nötigenfalls von der unteren Jagdbehörde festgelegt wird (Jägernotweg). Bei Benutzung des Notweges dürfen Schusswaffen nur ungeladen, Hunde nur an der Leine, mitgeführt werden. Der Eigentümer des Grundstücks, über das der Notweg führt, hat Anspruch auf eine angemessene Anerkennungsgebühr.

§ 28 Jagdeinrichtungen

§ 28

Jagdeinrichtungen

(1) Der Jagdausübungsberechtigte darf auf land- und forstwirtschaftlich genutzten Grundstücken besondere Anlagen wie Einrichtungen für die Ansitzjagd und Futterplätze nur mit Genehmigung des Grundeigentümers errichten; der Eigentümer ist zur Genehmigung verpflichtet, wenn ihm die Duldung der Anlage zugemutet werden kann und er eine angemessene Entschädigung erhält.

(2) Innerhalb von 75 m zur Grenze eines benachbarten Jagdbezirkes dürfen Einrichtungen für die Ansitzjagd nicht errichtet sowie Fütterungen und Kirrungen nicht angelegt werden. Zur Vermeidung übermäßiger Wildschäden kann die untere Jagdbehörde Ausnahmen zulassen. Die Sätze 1 und 2 gelten nicht, soweit die Jagdnachbarn eine abweichende schriftliche Vereinbarung getroffen haben.

§ 29 (Fn 15) Wildfolge

(Zu § 22 a BJG)

§ 29 (Fn 15)

 Wildfolge

 (Zu § 22 a BJG)

(1) Die Jagdausübungsberechtigten benachbarter Jagdbezirke oder benachbarter Teile von Jagdbezirken (§ 11 Abs. 2 BJG) sind verpflichtet, innerhalb von sechs Monaten nach Beginn der Jagdnachbarschaft schriftliche Vereinbarungen über die Wildfolge abzuschließen. Durch die Vereinbarung können die Verpflichtungen nach Absatz 2 Sätze 1 und 2 sowie nach Absatz 3 Satz 2 nicht aufgehoben werden. Bis zum Abschluß der Vereinbarung gelten für die Wildfolge die Absätze 2 bis 5.

(2) Tut sich krankgeschossenes Schalenwild in Sichtweite von der Grenze im benachbarten Jagdbezirk nieder, ist es vom Jagdausübenden zu erlegen und zu versorgen. Die Pflicht zur Versorgung erstreckt sich auch auf krankgeschossenes Schalenwild, das nach dem Überwechseln in Sichtweite von der Grenze im benachbarten Jagdbezirk verendet. Schusswaffen dürfen beim Überschreiten der Grenze nur zur Abgabe des Fangschusses mitgeführt werden. Das Fortschaffen des versorgten Schalenwildes ist nicht zulässig. Das Erlegen ist dem Jagdausübungsberechtigten des

benachbarten Jagdbezirkes oder dessen Vertreter unverzüglich anzuzeigen.

(3) Wechselt krankgeschossenes Schalenwild in einen benachbarten Jagdbezirk, ohne sich in Sichtweite von der Grenze nieder zu tun, so hat der Jagdausübende den Anschuss und die Stelle des Überwechselns nach Möglichkeit in der Örtlichkeit kenntlich zu machen sowie das Überwechseln dem Jagdausübungsberechtigten des benachbarten Jagdbezirkes oder dessen Vertreter unverzüglich anzuzeigen; das gilt auch für auf Grund anderer Ursachen schwer krankes oder verletztes Schalenwild. Die Jagdausübungsberechtigten der Jagdbezirke, die durch eine Nachsuche voraussichtlich berührt werden, sind nach Benachrichtigung verpflichtet, dem Führer eines brauchbaren Schweißhundes oder eines anderen brauchbaren Jagdhundes zur Nachsuche das Betreten ihrer Jagdbezirke unter Führung der Schusswaffe unverzüglich zu gestatten. Können die Jagdausübungsberechtigten nicht erreicht werden, so sind die Führer von Nachsuchenhunden der von der unteren Jagdbehörde anerkannten Schweißhundstationen berechtigt, die Nachsuche fortzuführen, das kranke oder verletzte Wild zu erlegen und zu versorgen. Das Fortschaffen des Wildes ist nicht zulässig. Das Erlegen ist dem Jagdausübungsberechtigten, in dessen Jagdbezirk das Wild zur Strecke gekommen ist, unverzüglich anzuzeigen. Der Jagdausübende, der das Stück Schalenwild krankgeschossen hat, oder ausnahmsweise eine andere mit den Vorgängen vertraute Person, hat sich für die Nachsuche zur Verfügung zu stellen.

(4) Verendet anderes Wild als Schalenwild in Sichtweite von der Grenze, so darf es der Jagdausübende fortschaffen. Geladene Schusswaffen dürfen beim Überschreiten der Grenze nicht mitgeführt werden. Das Wild ist dem Jagdausübungsberechtigten des Jagdbezirkes, in dem es zur Strecke gekommen ist, abzuliefern.

(5) Unbeschadet einer anderweitigen Vereinbarung gehören in den Fällen der Absätze 2 bis 4 der Kopfschmuck beim Schalenwild und Trophäen beim Schwarzwild und anderem Wild dem Erleger, das Wildbret dem

Jagdausübungsberechtigten, in dessen Jagdbezirk das Wild zur Strecke kommt. Nimmt derjenige, der das Wild so angeschweißt hat, daß es auf der Nachsuche zur Strecke kommt (Erleger), nicht an der Nachsuche teil oder gibt er die Nachsuche auf, so hat er kein Anrecht auf Kopfschmuck und Trophäen. Wird die Nachsuche wegen der Dunkelheit abgebrochen, so gilt sie nicht als aufgegeben.

(6) Ist Wildfolge vereinbart worden, ohne daß Einzelheiten festgelegt worden sind, so finden die Absätze 2 bis 5 Anwendung. Das gleiche gilt, soweit keine abschließenden Vereinbarungen getroffen worden sind.

(7) In den Fällen der Absätze 2 und 3 wird das zur Strecke gekommene Schalenwild auf den Abschussplan des Jagdbezirkes angerechnet, in dem es krankgeschossen worden ist. Dies gilt unabhängig davon, welchem Jagdausübungsberechtigten nach Absatz 5 oder einer anderweitigen Vereinbarung über die Wildfolge der Kopfschmuck oder die Trophäen und das Wildbret zustehen.

§ 30 Jagdhunde

§ 30

 Jagdhunde

Bei der Such-, Drück- und Treibjagd, bei jeder Jagdart auf Schnepfen und Wasserwild sowie bei jeder Nachsuche auf Schalenwild sind brauchbare Jagdhunde zu verwenden.

§ 31 (Fn 14) Aussetzen von Wild

(Zu § 28 Abs. 3 und 4 BJG)

§ 31 (Fn 14)

Aussetzen von Wild

(Zu § 28 Abs. 3 und 4 BJG)

(1) Als fremd gelten Tierarten, die beim Inkrafttreten des Bundesjagdgesetzes im Geltungsbereich des Bundesjagdgesetzes freilebend nicht heimisch waren.

(2) Das Aussetzen fremder Tierarten und von Schalenwild in der freien Wildbahn ist nur mit schriftlicher Genehmigung der unteren Jagdbehörde zulässig. Die Genehmigung darf nur erteilt werden, wenn durch das Aussetzen eine Störung des biologischen Gleichgewichtes und eine Schädigung der Landeskultur sowie Gefahren für die öffentliche Sicherheit nicht zu befürchten sind und die Forschungsstelle für Jagdkunde und Wildschadenverhütung ihr Einvernehmen erteilt hat.

(3) Das Aussetzen weiterer Tierarten in der freien Wildbahn zum Zwecke der Einbürgerung in Jagdbezirken ist nur mit schriftlicher Genehmigung der unteren Jagdbehörde zulässig. Die Genehmigung darf nur erteilt werden, wenn Interessen der Landeskultur nicht entgegenstehen, insbesondere unverhältnismäßig hohe Wildschäden nicht zu erwarten sind und die Forschungsstelle für Jagdkunde und Wildschadenverhütung ihr Einvernehmen erteilt hat.

§ 32 (Fn 13) Schadensersatzpflicht

§ 32 (Fn 13)

Schadensersatzpflicht

Das Ministerium wird ermächtigt, im Einvernehmen mit dem Landtag des Landes Nordrhein-Westfalen durch Rechtsverordnung die Wildschadensersatzpflicht auf Wildarten auszudehnen, die wie Schalenwild, Wildkaninchen oder Fasanen Grundstücke beschädigen.

§ 33 (Fn 3) Schutzvorrichtungen

(Zu § 32 Abs. 2 BJG)

§ 33 (Fn 3)

Schutzvorrichtungen

(Zu § 32 Abs. 2 BJG)

(1) Werden neben den im Jagdbezirk vorkommenden Hauptholzarten andere zur Anlage von Mischkulturen geeignete Holzarten in Forstkulturen eingebracht und sind übliche Schutzvorrichtungen nicht hergestellt worden, so sollen die Beteiligten im Pachtvertrag Vereinbarungen über die Abgeltung des Wildschadens oder die Beteiligung des Pächters an der Errichtung von üblichen Schutzvorrichtungen treffen. Als geeignete Holzarten im Sinne des Satzes 1 gelten: Buche, Eiche, Roteiche, Ahorn, Esche, Kiefer, Lärche, Fichte und Douglasie unter der Voraussetzung, daß der Anteil der eingebrachten anderen geeigneten Holzarten an der Gesamtfläche der Forstkultur mindestens 20 v. H. beträgt. Einigen sich die Beteiligten nicht, so ist der Wildschaden, der an Forstkulturen im Sinne der Sätze 1 und 2 an den Hauptholzarten und den anderen geeigneten Holzarten entsteht, zu ersetzen. Die Ersatzpflicht entfällt, wenn der Jagdausübungsberechtigte wenigstens drei Monate vor Beginn des neuen Jagdjahres die

Materialkosten für die üblichen Schutzvorrichtungen übernommen hat.

(2) Das Ministerium wird ermächtigt, nach Anhörung des zuständigen Ausschusses des Landtags durch Rechtsverordnung zu bestimmen, welche Schutzvorrichtungen als üblich anzusehen sind.

§ 34 Anmeldung von Wild- und Jagdschäden

(Zu § 34 BJG)

§ 34

Anmeldung von Wild- und Jagdschäden

(Zu § 34 BJG)

(1) Zuständige Behörde für die Anmeldung von Wild- und Jagdschäden ist die Gemeinde, in deren Gebiet das Grundstück liegt, auf dem der Schaden entstanden ist.

(2) Ist die nach Absatz 1 zuständige Gemeinde Eigentümerin des beschädigten Grundstücks, so ist zuständige Behörde die Aufsichtsbehörde der Gemeinde.

§ 35 Vorverfahren

(Zu § 35 BJG)

§ 35

Vorverfahren

(Zu § 35 BJG)

(1) In Wild- und Jagdschadensachen kann der ordentliche Rechtsweg erst beschritten werden, wenn das Feststellungsverfahren (§§ 36 bis 41) durchgeführt ist.

(2) Ist die nach § 34 Abs. 1 zuständige Gemeinde als Inhaberin eines Eigenjagdbezirkes oder als Notvorstand einer ersatzpflichtigen Jagdgenossenschaft an dem Verfahren beteiligt oder ist der Wildschaden bei der Aufsichtsbehörde anzumelden (§ 34 Abs. 2), so bestimmt die Aufsichtsbehörde die für die Durchführung des Feststellungsverfahrens zuständige Gemeinde.

(3) Lehnt die Gemeinde die Durchführung des Feststellungsverfahrens ab, weil der geltend gemachte Schaden nicht fristgerecht angemeldet worden ist oder kein ersatzpflichtiger Wild- oder Jagdschaden ist, so ist dem Geschädigten ein begründeter Bescheid zu erteilen.

§ 36 (Fn 6) Wildschadenschätzer

§ 36 (Fn 6)

Wildschadenschätzer

(1) Zur Abschätzung von Wild- und Jagdschäden bestellt die untere Jagdbehörde Wildschadenschätzer. Für jede Gemeinde sind mindestens ein Schätzer und ein Stellvertreter widerruflich für fünf Jahre zu bestellen.

(2) Die untere Jagdbehörde verpflichtet die Schätzer durch Handschlag, ihre Aufgabe unparteiisch und nach bestem Wissen und Gewissen zu erfüllen. Ist der Schätzer oder eine in gerader oder in der Seitenlinie 1. Grades mit ihm verwandte Person oder sein Ehegatte oder ihre eingetragene Lebenspartnerin oder sein Lebenspartner an einem Wildschadenverfahren beteiligt, so ist er von der Feststellung des Schadens ausgeschlossen.

(3) Zur Abschätzung von Wild- und Jagdschäden an Forstpflanzen bestellt die untere Jagdbehörde als Schätzer Forstsachverständige. Absatz 1 Satz 2 und Absatz 2 gelten entsprechend.

(4) Sind sowohl der zuständige Schätzer als auch sein Stellvertreter verhindert, an dem Feststellungsverfahren mitzuwirken, so kann die Gemeinde den für eine Nachbargemeinde bestellten Schätzer zuziehen.

§ 37 Termin am Schadensort

§ 37

Termin am Schadensort

(1) Ist ein Wild- oder Jagdschaden rechtzeitig (§ 34 Bundesjagdgesetz) angemeldet, so beraumt die Gemeinde unverzüglich einen Termin am Schadensort an, um eine gütliche Einigung herbeizuführen. Die Beteiligten sind in der Ladung darauf hinzuweisen, daß im Falle des Nichterscheinens mit der Ermittlung des Schadens begonnen wird. Beteiligt sind die Geschädigten und die zum Schadenersatz Verpflichteten einschließlich der Jagdpächter, die einen Schaden ganz oder teilweise zu erstatten haben. Der Schätzer soll zu dem Termin geladen werden, wenn ein Beteiligter dies

45

beantragt.

(2) Jeder Beteiligte kann in dem Termin beantragen, daß der Schaden in einem weiteren kurz vor der Ernte abzuhaltenden Termin festgestellt werden soll. Dem Antrag muß stattgegeben werden, wenn die Höhe des Schadens im Zeitpunkt des Termins noch nicht einwandfrei festgestellt werden kann. Die Ermittlung ist jedoch soweit durchzuführen, als dies zur endgültigen Feststellung des Schadens notwendig ist. Über die Verhandlung ist eine Niederschrift aufzunehmen.

§ 38 Gütliche Einigung

§ 38

Gütliche Einigung

(1) Kommt in dem Termin am Schadensort eine gütliche Einigung zustande, so ist darüber eine Niederschrift aufzunehmen und von allen Beteiligten sowie dem Vertreter der Gemeinde zu unterzeichnen. Die Niederschrift muß die Art, die Höhe und den Zeitpunkt der Erstattung des Schadens enthalten und ist den Beteiligten zuzustellen.

(2) Aus der Niederschrift über die gütliche Einigung findet die Zwangsvollstreckung nach den Vorschriften der Zivilprozeßordnung über die Vollstreckung von Urteilen in bürgerlichen Rechtsstreitigkeiten statt.

(3) Die vollstreckbare Ausfertigung wird von dem Urkundsbeamten der Geschäftsstelle des Amtsgerichts erteilt, in dessen Bezirk die Gemeinde ihren Sitz hat. Dieses Amtsgericht tritt in den Fällen der §§ 731, 767 bis 770,

46

785, 786 und 791 der Zivilprozeßordnung an die Stelle des Prozessgerichts.

§ 39 Schadensfeststellung

§ 39

Schadensfeststellung

(1) Kommt eine Einigung nicht zustande, so ist der Schaden auf Antrag eines Beteiligten zu schätzen. Ist der Schätzer im Termin am Schadensort (§ 37) nicht anwesend, so ist ein neuer Termin anzuberaumen, zu dem auch der Schätzer zu laden ist. Der Schätzer stellt den entstandenen Schaden auf Grund der Verhandlungen fest. Er hat über die Schätzung ein schriftliches Gutachten abzugeben, das folgende Angaben enthalten muß:

1. die Bezeichnung und Kulturart des beschädigten Grundstücks,

2. die Wildart, die den Schaden verursacht hat,

3. den Umfang des Schadens nach Flächengröße und Anteil der beschädigten Fläche,

4. den Schadensbetrag.

(2) Auf Grund der Schätzung und unter Berücksichtigung des Ergebnisses der Verhandlung versucht die Gemeinde erneut eine gütliche Einigung der Beteiligten.

(3) Kommt eine gütliche Einigung zustande, so gilt § 38; andernfalls ist den Beteiligten eine Niederschrift über das Scheitern des Vorverfahrens mit einer Belehrung über die Frist für die Klageerhebung (§ 41) zuzustellen.

§ 40 Kosten des Vorverfahrens

§ 40

Kosten des Vorverfahrens

(1) Kosten des Vorverfahrens sind nur die Vergütungen und Reisekosten des Schätzers sowie die Auslagen der Gemeinde. Die Beteiligten tragen die ihnen entstandenen Kosten selbst.

(2) Das Ministerium wird ermächtigt, durch Rechtsverordnung Bestimmungen über die Vergütungen und die erstattungsfähigen Reisekosten der Schätzer zu erlassen.

(3) Die Gemeinde setzt die Kosten des Vorverfahrens fest. Sie verteilt sie nach billigem Ermessen, falls hierüber eine gütliche Einigung nicht zustande gekommen ist. Die Kosten können auch festgesetzt und verteilt werden, wenn das Vorverfahren nicht zu Ende geführt worden ist.

(4) Findet ein gerichtliches Nachverfahren statt, so sind die Kosten des Vorverfahrens, die von einem Beteiligten aufgrund des Kostenfestsetzungsbescheides der Gemeinde gezahlt worden sind, erstattungsfähig im Sinne des § 91 der Zivilprozeßordnung.

48

§ 41 Gerichtliches Nachverfahren

§ 41

Gerichtliches Nachverfahren

Ist in dem Vorverfahren eine gütliche Einigung nicht zustande gekommen, so kann der Geschädigte binnen einer Notfrist von zwei Wochen seit der Zustellung der Niederschrift, in der das Scheitern des Güteversuchs festgestellt worden ist, Klage erheben.

§ 42 (entfallen)

§ 42

(entfallen)

§ 43 (entfallen)

§ 43

(entfallen)

§ 44 (entfallen)

§ 44

(entfallen)

§ 45 (Fn 3) Ermächtigungen

(Zu § 36 Abs. 2 BJG)

§ 45 (Fn 3)

Ermächtigungen

(Zu § 36 Abs. 2 BJG)

Das Ministerium wird ermächtigt, nach Anhörung des zuständigen Ausschusses des Landtags durch Rechtsverordnung Vorschriften zu erlassen über

a) die behördliche Überwachung des gewerbsmäßigen Ankaufs, Verkaufs und Tausches sowie der gewerbsmäßigen Verarbeitung von Wildbret und die behördliche Überwachung der Wildhandelsbücher,

b) das Aufnehmen, die Pflege und die Aufzucht verletzten oder kranken Wildes und dessen Verbleib, wobei die Vorschriften sich auch auf Eier oder sonstige Entwicklungsformen des Wildes, auf totes Wild, auf Teile des Wildes sowie auf die Nester und die aus Wild gewonnenen Erzeugnisse erstrecken können, soweit dies aus Gründen der Hege, zur Bekämpfung von Wilderei und Wildhehlerei, aus wissenschaftlichen Gründen oder zur Verhütung von Gesundheitsschäden durch Fallwild erforderlich ist.

§ 46 (Fn 8) Jagdbehörden

§ 46 (Fn 8)

Jagdbehörden

(1) Oberste Jagdbehörde ist das Ministerium. Es führt die Sonderaufsicht über die unteren Jagdbehörden und ist zugleich oberste Sonderaufsichtsbehörde.

(2) Untere Jagdbehörde ist der Kreis oder die kreisfreie Stadt als Kreisordnungsbehörde.

§ 47 (Fn 14) Aufsicht über die Jagdgenossenschaft

§ 47 (Fn 14)

Aufsicht über die Jagdgenossenschaft

(1) Die Jagdgenossenschaft unterliegt der Aufsicht des Staates.

(2) Hat die Jagdgenossenschaft ihren Sitz im Gebiet eines Kreises, so ist Aufsichtsbehörde der Landrat als untere staatliche Verwaltungsbehörde, hat die Jagdgenossenschaft ihren Sitz im Gebiet einer kreisfreien Stadt, so ist Aufsichtsbehörde die kreisfreie Stadt.

(3) Oberste Aufsichtsbehörde ist das Ministerium.

(4) Die Aufsichtsbehörde ist zu der Genossenschaftsversammlung einzuladen und von dem Vorstand innerhalb einer Frist von einem Monat über Beschlüsse der Jagdgenossenschaft zu unterrichten. Die Aufsichtsbehörde kann den Vorsitzenden des Vorstandes der Jagdgenossenschaft anweisen, Beschlüsse der Jagdgenossenschaft, die das geltende Recht verletzen, zu beanstanden.

§ 48 (Fn 13) Sachliche Zuständigkeit

§ 48 (Fn 13)

Sachliche Zuständigkeit

Soweit im Bundesjagdgesetz, in diesem Gesetz und in Rechtsverordnungen auf Grund dieser Gesetze nichts anderes bestimmt ist, ist die untere Jagdbehörde zuständige Behörde.

§ 49 (entfallen)

§ 49

(entfallen)

§ 50 (Fn 14) Auskunftspflicht

§ 50 (Fn 14)

Auskunftspflicht

Die Jagdausübungsberechtigten sind nach Anhörung des Landesjagdbeirats (§ 51 Abs. 1) auf Verlangen der obersten Jagdbehörde verpflichtet, die ökologischen und jagdlichen Verhältnisse in ihren Jagdbezirken zu ermitteln und Angaben hierüber der obersten Jagdbehörde oder einer von ihr bestimmten Stelle zur wissenschaftlichen Auswertung zur Verfügung zu stellen.

§ 51 (Fn 14) Jagdbeiräte

(Zu § 37 Abs. 1 BJG)

§ 51 (Fn 14)

Jagdbeiräte

(Zu § 37 Abs. 1 BJG)

(1) Bei der obersten Jagdbehörde wird ein Jagdbeirat (Landesjagdbeirat) gebildet.

Der Landesjagdbeirat setzt sich zusammen aus

dem Vorsitzenden,

vier Jägern,

vier Vertretern der Landwirtschaft,

einem Vertreter des Körperschaftswaldes,

einem Vertreter des Privatwaldes,

einem Vertreter des Staatswaldes,

einem Vertreter der Berufsjäger,

einem Vertreter der Jagdgenossenschaften,

einem Vertreter des Naturschutzes,

einem Vertreter der Jagdwissenschaft,

einem Vertreter der Falknerei.

In den Landesjagdbeirat entsenden der Landesjagdverband Nordrhein-Westfalen e. V. vier Jäger und einen Vertreter der Berufsjäger, der Rheinische Landwirtschaftsverband e. V. und der Westfälisch-Lippische Landwirtschaftsverband e. V. je zwei Vertreter der Landwirtschaft, der Waldbesitzerverband der Gemeinden, Gemeindeverbände und öffentlich-rechtlichen Körperschaften in Nordrhein-Westfalen e. V. einen Vertreter des Körperschaftswaldes, die nach § 29 Bundesnaturschutzgesetz anerkannten Verbände gemeinsam einen Vertreter des Naturschutzes, das Ministerium einen Vertreter des Staatswaldes und einen Vertreter der Jagdwissenschaft, der Rheinische Verband der Eigenjagdbesitzer und Jagdgenossenschaften e.V. und der Verband der Jagdgenossenschaften und Eigenjagden in Westfalen-Lippe e.V. gemeinsam einen Vertreter der Jagdgenossenschaften, der Waldbauernverband Nordrhein-Westfalen e. V. einen Vertreter des Privatwaldes, die im Land Nordrhein-Westfalen wirkenden Vereinigungen der Falkner einen Vertreter der Falknerei.

(2) Den Vorsitz im Landesjagdbeirat führt ein Vertreter der obersten Jagdbehörde.

(3) Bei jeder unteren Jagdbehörde wird ein Jagdbeirat gebildet.

Der Jagdbeirat setzt sich zusammen aus

drei Jägern,

zwei Vertretern der Landwirtschaft,

zwei Vertretern der Forstwirtschaft,

einem Vertreter der Jagdgenossenschaften,

einem Vertreter des Naturschutzes,

einem Vertreter der Forstbehörde,

dem Landrat des Kreises, der die Aufgaben der unteren Jagdbehörde wahrnimmt, oder dem Oberbürgermeister der kreisfreien Stadt, die die Aufgaben der unteren Jagdbehörde wahrnimmt.

In den Jagdbeirat entsenden der Landesjagdverband Nordrhein-Westfalen e. V. drei Jäger, der zuständige Landwirtschaftsverband zwei Vertreter der Landwirtschaft, die Verbände der Waldbesitzer je einen Vertreter der Forstwirtschaft, der Rheinische Verband der Eigenjagdbesitzer und Jagdgenossenschaften e.V. und der Verband der Jagdgenossenschaften und Eigenjagden in Westfalen-Lippe e.V. gemeinsam den Vertreter der Jagdgenossenschaften, die nach § 29 Bundesnaturschutzgesetz anerkannten Verbände gemeinsam einen Vertreter des Naturschutzes und der Landesbetrieb Wald und Holz den Vertreter der Forstbehörde.

(4) Der Jagdbeirat wählt aus seiner Mitte den Vorsitzenden und den stellvertretenden Vorsitzenden. Er wählt ferner aus seiner Mitte den Jagdberater und dessen Vertreter. Der Jagdberater und dessen Vertreter müssen in jagdlichen Angelegenheiten erfahren sein. Der Jagdberater oder dessen Vertreter können Vorsitzender oder stellvertretender Vorsitzender des Jagdbeirates sein.

(5) Die Jagdbeiräte und Jagdberater haben die Aufgabe, die Jagdbehörden zu beraten. Die Jagdbeiräte sind in allen grundsätzlichen Fragen zu hören.

(6) Die Mitglieder der Jagdbeiräte sind ehrenamtlich tätig. Sie werden für die Dauer von vier Jahren entsandt, soweit sie nicht vor Ablauf der Frist ausscheiden oder abberufen werden. Eine erneute Entsendung nach Ablauf der Frist ist zulässig.

§ 52 (Fn 12) Vereinigung der Jäger

(Zu § 37 Abs. 2 BJG)

§ 52 (Fn 12)

Vereinigung der Jäger

(Zu § 37 Abs. 2 BJG)

(1) Weist eine Vereinigung von Jägern nach, daß ihr mehr als ein Drittel der Jagdscheininhaber im Lande Nordrhein-Westfalen angehört, so ist sie von

der obersten Jagdbehörde als Landesvereinigung der Jäger anzuerkennen.

(2) Die zuständige Behörde hat der Landesvereinigung der Jäger Gelegenheit zur Stellungnahme zu geben, wenn ein Jagdschein nach § 17 Abs. 2 Nr. 4 des Bundesjagdgesetzes versagt werden kann oder nach § 18 in Verbindung mit § 17 Abs. 2 Nr. 4 des Bundesjagdgesetzes zu entziehen ist. Die Landesvereinigung der Jäger kann bei der zuständigen Behörde beantragen, daß ein Jagdschein wegen schweren oder wiederholten Verstoßes gegen die Grundsätze der Waidgerechtigkeit nicht erteilt oder entzogen werden soll.

§ 53 (Fn 8) Forschungsstelle für Jagdkunde

und Wildschadenverhütung

§ 53 (Fn 8)

Forschungsstelle für Jagdkunde

und Wildschadenverhütung

(1) Im Geschäftsbereich des Ministeriums wird die Forschungsstelle für Jagdkunde und Wildschadenverhütung (Forschungsstelle) geführt.

(2) Die nachfolgenden Aufgaben der Forschungsstelle werden aus Mitteln der Jagdabgabe gefördert, soweit sie die Verhältnisse im Land Nordrhein-Westfalen besonders berücksichtigen:

1. Die Erforschung

a) der Lebens- und Umweltbedingungen des Wildes,

b) der Wildkrankheiten sowie der Möglichkeiten ihrer Bekämpfung,

c) von neuen Möglichkeiten der Jagdausübung auch zur Verhütung und Verminderung von Wildschäden und

2. die Darstellung durch Wort, Schrift und Bild zur Verbesserung der Kenntnisse und des Verständnisses über das Wild, seine Lebensräume und das Jagdwesen.

§ 54 (Fn 12) Beirat bei der Forschungsstelle

§ 54 (Fn 12)

Beirat bei der Forschungsstelle

(1) Bei der Forschungsstelle wird ein Beirat gebildet. Der Beirat hat die Aufgabe, die Forschungsstelle zu beraten. Er ist in allen grundsätzlichen Fragen zu hören.

(2) Der Beirat setzt sich zusammen aus

1. einem Vertreter der obersten Jagdbehörde als Vorsitzenden,

2. fünf Jägern, wovon einer hauptberuflicher Landwirt und einer

Waldeigentümer sein muss,

3. zwei Vertretern des Naturschutzes,

4. einem Vertreter der Falknerei.

(3) In den Beirat entsendet der Landesjagdverband Nordrhein-Westfalen e. V. fünf Jäger. Die übrigen Mitglieder werden vom Ministerium berufen.

(4) Die Mitglieder des Beirates sind ehrenamtlich tätig. Die Amtsdauer beträgt vier Jahre, es sei denn, ein Mitglied scheidet vor Ablauf der Frist aus oder wird abberufen.

§ 55 (Fn 12) Bußgeldvorschriften

§ 55 (Fn 12)

 Bußgeldvorschriften

(1) Ordnungswidrig handelt, wer

1. absichtlich das berechtigte Aufsuchen, Nachstellen, Erlegen oder Fangen von Wild behindert,

2. entgegen § 1 bei der Ausübung der Jagd oder des Jagdschutzes bei erlegtem, gefangenem oder verendetem Wild vorgefundene Kennzeichen

nicht rechtzeitig bei der unteren Jagdbehörde unter Angabe von Zeit und Ort des Fundes abliefert,

3. entgegen § 12 Abs. 3 oder 5 die Erteilung einer entgeltlichen oder unentgeltlichen Jagderlaubnis der unteren Jagdbehörde nicht anzeigt,

4. entgegen § 12 Abs. 7 als Jagdgast ohne Begleitung des Jagdausübungsberechtigten oder eines von diesem beauftragten Jagdschutzberechtigten die Jagd ausübt, ohne den Jagderlaubnisschein mit sich zu führen,

5. entgegen § 12 Abs. 9 einer vollziehbaren Verfügung der unteren Jagdbehörde zuwiderhandelt,

6. entgegen § 13 Abs. 2 der unteren Jagdbehörde beim Erwerb des Jagdscheins die Größe der Fläche nicht richtig angibt,

7. entgegen § 13 Abs. 3 oder 4 der unteren Jagdbehörde nicht innerhalb eines Monats nach Abschluß des Pacht- oder Erlaubnisvertrages unter Vorlage des Vertrages die Größe der Fläche mitteilt, auf der ihm die Ausübung des Jagdrechts zusteht, oder nicht den Nachweis über die Verpachtung entsprechender Flächen des Eigenjagdbezirkes führt,

8. entgegen § 14 Satz 1 die Änderung eines Jagdpachtvertrages nicht innerhalb eines Monats der unteren Jagdbehörde anzeigt,

9. entgegen § 19 Abs. 1 Satz 1 Wild von Ansitzen erlegt, die weniger als 75 m von der Grenze eines benachbarten Jagdbezirkes entfernt sind,

9a. entgegen § 19 Abs. 1a in der Zeit vom 1. März bis 15. Juni die Baujagd auf Füchse ausübt,

9b. entgegen § 19 Abs. 6 die Jagd mit Pfeilen oder Bolzen ausübt,

10. entgegen § 21 Abs. 1 Jagdbezirke oder Teile von Jagdbezirken eingattert,

11. entgegen § 21 Abs. 7 Satz 2 oder § 22 Abs. 1 den Abschussplan nicht oder nicht rechtzeitig einreicht,

12. entgegen § 22 Abs. 9 oder 10 den Kopfschmuck oder den Unterkiefer des erlegten männlichen Schalenwildes auf Verlangen oder Anordnung nicht vorzeigt oder den Nachweis über die Erfüllung des Abschussplans für sonstiges Schalenwild nicht führt,

12a. entgegen § 24 Abs. 4 Satz 3 beim sofortigen Erlegen von Wild den Abschuss der unteren Jagdbehörde nicht oder nicht unverzüglich mitteilt oder das Wild auf Verlangen nicht vorzeigt,

13. entgegen § 25 Abs. 2 Satz 1 Schalenwild außerhalb der dort genannten Zeiten füttert,

14. entgegen § 25 Abs. 2 Satz 2 bestimmte Fütterungseinrichtungen nicht benutzt,

15. entgegen § 25 Abs. 2 Satz 4 Küchenabfälle, Schlachtabfälle, Fische, Fischabfälle, Backwaren oder Südfrüchte verfüttert,

16. entgegen § 25 Abs. 4 Nr. 1 der Aufforderung eines Jagdschutzberechtigten, Angaben über die Person zu machen, nicht oder nicht richtig nachkommt,

17. entgegen § 25 Abs. 7 Satz 1 einer vollziehbaren Anordnung der unteren Jagdbehörde zur Verhinderung des Auftretens oder der Ausbreitung von Wildseuchen nicht nachkommt,

17a. entgegen § 28 Abs. 2 innerhalb von 75 m zur Grenze eines benachbarten Jagdbezirkes Einrichtungen für die Ansitzjagd errichtet oder Fütterungen oder Kirrungen anlegt, soweit nicht eine abweichende Vereinbarung getroffen worden ist,

18. entgegen § 30 bei der Such-, Drück- oder Treibjagd, bei der Jagd auf Schnepfen oder Wasserwild oder bei der Nachsuche auf Schalenwild keine oder nicht brauchbare Jagdhunde verwendet,

19. entgegen § 31 Abs. 2 Satz 1 oder Abs. 3 Satz 1 ohne schriftliche Genehmigung Schalenwild, fremde oder weitere Tierarten in der freien Wildbahn aussetzt.

(2) Ordnungswidrig handelt ferner, wer vorsätzlich oder fahrlässig

1. einem gemäß § 20 Abs. 1 Satz 1 in einem Landschaftsplan enthaltenen Gebot oder Verbot für die Ausübung der Jagd in Naturschutzgebieten

zuwiderhandelt, sofern der Landschaftsplan für einen bestimmten Tatbestand auf diese Bußgeldvorschrift verweist,

2. entgegen § 22 Abs. 7 keine Streckenliste führt, die Eintragungen in die Streckenliste nicht richtig oder nicht rechtzeitig vornimmt, die Streckenliste der unteren Jagdbehörde auf Verlangen nicht zur Einsicht vorlegt oder die jährliche Jagdstrecke der unteren Jagdbehörde nicht rechtzeitig anzeigt,

3. entgegen § 22 Abs. 8 der unteren Jagdbehörde die Abschussmeldung über das erlegte Rotwild nicht oder nicht rechtzeitig vorlegt,

4. entgegen § 29 Abs. 2 Satz 5 das Erlegen von Schalenwild im benachbarten Jagdbezirk nicht rechtzeitig anzeigt,

5. entgegen § 29 Abs. 3 es unterläßt, das Überwechseln von krankgeschossenem Schalenwild dem Jagdausübungsberechtigten des Nachbarbezirkes oder seinem Vertreter rechtzeitig anzuzeigen oder dem Führer eines brauchbaren Schweißhundes oder eines anderen brauchbaren Jagdhundes zur Nachsuche das Betreten von Jagdbezirken unter Führung der Schusswaffe nicht gestattet,

6. (entfallen)

7. (entfallen)

8. Hunde oder Katzen, die ihm gehören oder seiner Aufsicht unterstehen, in einem Jagdbezirk unbeaufsichtigt laufen läßt,

9. gegen eine auf Grund dieses Gesetzes erlassene Rechtsverordnung verstößt, sofern die Rechtsverordnung für einen bestimmten Tatbestand auf diese Bußgeldvorschrift verweist.

§ 56 (Fn 3) Verwaltungsbehörde, Geldbuße,

Verbot der Jagdausübung, Einziehung

§ 56 (Fn 3)

Verwaltungsbehörde, Geldbuße,

Verbot der Jagdausübung, Einziehung

(1) Verwaltungsbehörde im Sinne des § 36 Abs. 1 Nr. 1 des Gesetzes über die Ordnungswidrigkeiten ist die untere Jagdbehörde.

(2) Ordnungswidrigkeiten nach § 55 können mit einer Geldbuße bis zu 5000 Euro geahndet werden.

(3) Wird gegen jemanden wegen einer Ordnungswidrigkeit nach § 55, die er unter grober oder beharrlicher Verletzung der Pflichten bei der Jagdausübung begangen hat, eine Geldbuße festgesetzt, so kann ihm in der Entscheidung für die Dauer von einem Monat bis zu sechs Monaten verboten werden, die Jagd auszuüben. § 41 a Abs. 2 bis 4 des Bundesjagdgesetzes findet Anwendung.

(4) Ist eine Ordnungswidrigkeit nach § 55 Abs. 1 Nr. 12 begangen worden, so können

1. Gegenstände, auf die sich die Ordnungswidrigkeit bezieht, und

2. Gegenstände, die zu ihrer Begehung oder Vorbereitung gebraucht worden oder bestimmt gewesen sind,

eingezogen werden. § 23 des Gesetzes über Ordnungswidrigkeiten ist anzuwenden.

§ 57 (Fn 8) Gebühren, Jagdabgabe

§ 57 (Fn 8)

Gebühren, Jagdabgabe

(1) Die Erhebung von Gebühren richtet sich nach den gebührenrechtlichen Vorschriften des Landes Nordrhein-Westfalen.

(2) Zur Förderung und Weiterentwicklung des Jagdwesens wird mit der Gebühr für den Jahresjagdschein und den Tagesjagdschein eine Jagdabgabe erhoben, die dem Landesamt für Natur, Umwelt und Verbraucherschutz zufließt. Das gilt für den Falknerjagdschein entsprechend. Wird ein Falknerjagdschein zusätzlich zu einem Jagdschein oder ein Jagdschein zusätzlich zu einem Falknerjagdschein erworben, wird die Abgabe nur einmal erhoben. Bei unterschiedlich hohen Abgaben ist die höhere Abgabe zu erheben.

(3) Das Aufkommen aus der Jagdabgabe ist zweckgebunden zu verwenden

zur Förderung und Weiterentwicklung des Jagdwesens in Nordrhein-Westfalen für

1. die Kosten der Forschungsstelle für die in § 53 Absatz 2 aufgeführten gruppennützigen Aufgaben,

2. Maßnahmen der jagdlichen Weiterbildung, jagdliches Schießwesen, Jagdgebrauchshundewesen, Fortentwicklung der Jagdtechnik und Jagdsicherheit sowie Schießtechnik, Lehrstätten und Lehrreviere,

3. Maßnahmen der Erforschung, Erhaltung und Verbesserung der Lebens- und Umweltbedingungen des Wildes,

4. Entwicklung von Konzepten und Strukturen zur Wildbretvermarktung und

5. den mit der Verwendung der Jagdabgabe für Maßnahmen nach Nummern 2 bis 4 verbundenen Verwaltungsaufwand.

(4) Das Ministerium wird ermächtigt, im Einvernehmen mit dem Landtag des Landes Nordrhein-Westfalen durch Rechtsverordnung die Höhe der Jagdabgabe bis zur Höhe der doppelten Gebühr für einen Jahresjagdschein für jedes Jahr der Geltungsdauer festzusetzen.

§ 58 (Fn 10) (aufgehoben)

§ 58 (Fn 10)

(aufgehoben)

§ 59 (Fn 12) Übergangsbestimmungen

§ 59 (Fn 12)

Übergangsbestimmungen

Soweit im Zeitpunkt des Inkrafttretens des Bundesjagdgesetzes Abrundungen von Jagdbezirken bestanden, bleiben sie aufrechterhalten, bis sie durch Fristablauf enden oder durch Entscheidung der zuständigen Jagdbehörde (§ 3 Abs. 5) abgeändert oder aufgehoben werden.

§ 60 (Fn 2) (Fn 14) Inkrafttreten, Außerkrafttreten

§ 60 (Fn 2) (Fn 14)

Inkrafttreten, Außerkrafttreten

(Inkrafttreten der ursprünglichen Fassung des Gesetzes). Dieses Gesetz tritt am 30. Juni 2015 außer Kraft.

Fußnoten :

Fn 1

GV. NW. 1995 S. 2; ber. 1997 S. 56, geändert durch Artikel 109 d. EuroAnpG NRW v. 25.9.2001 (GV. NRW. S. 708); Artikel 18 d. Gesetzes v. 17. 12. 2003 (GV. NRW. S. 808), in Kraft getreten am 1. Januar 2004; Artikel 169 des Dritten Befristungsgesetzes vom 5.4.2005 (GV. NRW. S. 306), in Kraft getreten am 28. April 2005; Artikel 8 (Erster Teil) des Gesetzes v. 3.5.2005 (GV. NRW. S. 498), in Kraft getreten am 26. Mai 2005; Gesetz v. 23.5.2006 (GV. NRW. S. 218), in Kraft getreten am 8. Juni 2006; Artikel 9 d. Gesetzes vom 12.12.2006 (GV. NRW. S. 622), in Kraft getreten am 1. Januar 2007; Artikel IV des Gesetzes vom 19.6.2007 (GV. NRW. S. 226), in Kraft getreten am 5. Juli 2007; Artikel 1 des Gesetzes vom 17. Dezember 2009 (GV. NRW. S. 876), in Kraft getreten am 1. Januar 2010; Artikel 1 des Gesetzes vom 1. April 2014 (GV. NRW. S. 254), in Kraft getreten am 12. April 2014.

Fn 2

GV. NW. ausgegeben am 16. Januar 1995.

Fn 3

§§ 33, 45 und 56 geändert durch Artikel 109 d. EuroAnpG NRW v. 25.9.2001 (GV. NRW. S. 708); in Kraft getreten am 1. Januar 2002.

Fn 4

§ 26 zuletzt geändert durch Artikel 1 des Gesetzes vom 17. Dezember 2009 (GV. NRW. S. 876), in Kraft getreten am 1. Januar 2010.

Fn 5

unbesetzt.

Fn 6

§ 36 Abs. 2 geändert durch Artikel 8 (Erster Teil) des Gesetzes v. 3.5.2005 (GV. NRW. S. 498); in Kraft getreten am 26. Mai 2005.

Fn 7

unbesetzt.

Fn 8

§ 46, § 53 und § 57 neu gefasst durch Artikel 1 des Gesetzes vom 1. April 2014 (GV. NRW. S. 254), in Kraft getreten am 12. April 2014.

Fn 9

§ 22 zuletzt geändert durch Artikel 1 des Gesetzes vom 1. April 2014 (GV. NRW. S. 254), in Kraft getreten am 12. April 2014.

Fn 10

§ 58 aufgehoben durch Artikel 1 des Gesetzes vom 17. Dezember 2009 (GV. NRW. S. 876), in Kraft getreten am 1. Januar 2010.

Fn 11

§ 17 zuletzt geändert durch Artikel 1 des Gesetzes vom 17. Dezember 2009 (GV. NRW. S. 876), in Kraft getreten am 1. Januar 2010.

Fn 12

§ 5, § 7, § 10, § 25, § 52, § 54, § 55, § 59 geändert durch Artikel 1 des Gesetzes vom 17. Dezember 2009 (GV. NRW. S. 876), in Kraft getreten am 1. Januar 2010.

Fn 13

§ 32 und § 48 neu gefasst durch Artikel 1 des Gesetzes vom 17. Dezember 2009 (GV. NRW. S. 876), in Kraft getreten am 1. Januar 2010.

Fn 14

§ 2, § 3, § 8, § 19, § 24, § 31, § 47, § 50, § 51 und § 60 zuletzt geändert durch Artikel 1 des Gesetzes vom 1. April 2014 (GV. NRW. S. 254), in Kraft getreten am 12. April 2014.

Fn 15

§ 20 und § 29 geändert durch Artikel 1 des Gesetzes vom 1. April 2014 (GV. NRW. S. 254), in Kraft getreten am 12. April 2014.